The Flowers of Tlalpan And More Bilingual Spanish-English Stories for Spanish Language Learners

Pomme Bilingual

Published by Pomme Bilingual, 2024.

THE FLOWERS OF TLALPAN AND MORE BILINGUAL SPANISH-ENGLISH STORIES FOR SPANISH LANGUAGE LEARNERS

First edition. December 8, 2024.

Copyright © 2024 Pomme Bilingual.

ISBN: 979-8230436256

Written by Pomme Bilingual.

Table of Contents

La Última Llama

El tren chirrió al detenerse en la pequeña estación de San Isidro. Julián bajó con una vieja maleta de cuero en la mano y un sombrero que había heredado de su abuelo. El pueblo seguía igual, o al menos eso parecía a primera vista: las calles empedradas, los tejados rojos y las bugambilias colgando como cascadas de color. Pero algo era diferente, quizá era él quien había cambiado.

Habían pasado veinte años desde la última vez que puso un pie en su pueblo natal. La muerte de su madre, Doña Esperanza, había sido el motivo de su regreso. Aunque el entierro había sido días antes, Julián sentía que aún tenía cuentas pendientes con su pasado.

Caminó lentamente por las calles, saludando con un leve movimiento de cabeza a los pocos que lo reconocían. Su destino era la casa familiar, una construcción de adobe que se erguía al final de la calle principal, cerca del río.

Cuando abrió la puerta, el olor de la madera vieja y las especias secas lo envolvió como un abrazo inesperado. Todo estaba tal como lo recordaba: los muebles gastados, el tapiz bordado por su abuela y, sobre la mesa, una vela blanca que su madre siempre encendía en las noches.

Esa vela...

Julián frunció el ceño. No recordaba haberla dejado encendida antes de marcharse del pueblo. Se acercó, sopló suavemente y la llama desapareció.

Esa noche, no pudo dormir. Los recuerdos lo atormentaban: las risas de su madre, las canciones que cantaba mientras cocinaba, y la última vez que discutieron. Había sido por una tontería, como casi todas las peleas.

Sin embargo, el orgullo los había distanciado, y Julián nunca regresó a disculparse.

A medianoche, un suave resplandor iluminó el pasillo. Julián se levantó de un salto, pensando que era una lámpara mal apagada, pero cuando llegó a la sala, vio la vela blanca ardiendo de nuevo.

—Esto no puede ser —murmuró, apagándola de nuevo con un soplo. Pero la vela se encendió cada noche durante los días siguientes.

Una tarde, Rosa, la vecina que había cuidado de su madre en sus últimos años, lo visitó. Traía un plato de tamales y una expresión llena de curiosidad.

—Julián, ¿cómo estás? —preguntó mientras se acomodaba en una silla.

—Bien... creo —respondió, aunque no estaba seguro de su respuesta.

—Tu madre siempre decía que las cosas que no resolvemos nos persiguen. ¿Qué te preocupa?

Julián dudó, pero terminó contándole lo de la vela. Rosa escuchó con atención, y cuando él terminó, asintió lentamente.

—Esa vela la encendía todas las noches antes de dormir. Decía que era para guiar a los espíritus perdidos, para que encontraran paz. Tal vez tú necesitas esa paz, Julián.

Sus palabras resonaron en él durante días. ¿Era cierto? ¿Era él quien necesitaba cerrar capítulos, más que su madre o cualquier otra cosa?

Una noche, después de ver la vela encendida por quinta vez, Julián decidió enfrentar sus recuerdos. Sacó una caja de madera que había encontrado en el cuarto de su madre. Dentro, había cartas que nunca envió, dirigidas a él.

—Querido Julián —comenzaba una—, sé que te has ido por orgullo, pero no hay día que no piense en ti. Espero que algún día encuentres el camino de regreso, no solo a este pueblo, sino a tu corazón.

Las lágrimas brotaron sin aviso. Había perdido tanto tiempo enojado, alejándose de lo que más quería. Esa noche, en lugar de apagar la vela, se sentó junto a ella.

—Perdóname, mamá —susurró.

La llama titiló, como si respondiera.

Al día siguiente, la vela ya no volvió a encenderse sola. Julián comenzó a sentir una paz que no había conocido en años. Pasó semanas ordenando la casa, leyendo las cartas de su madre y hablando con los vecinos sobre los buenos momentos.

Cuando llegó el momento de irse, encendió la vela una última vez antes de cerrar la puerta. Era un adiós, pero también un nuevo comienzo.

El tren lo llevó lejos, pero esta vez, Julián sabía que siempre podría regresar. Y cuando lo hiciera, su madre estaría allí, en cada rincón de la casa, en cada llama encendida, guiándolo hacia el amor que nunca se extinguió.

The Last Flame

The train squealed as it came to a stop at the small station of San Isidro. Julián stepped down with an old leather suitcase in hand and a hat he had inherited from his grandfather. The town looked the same, or at least it seemed so at first glance: the cobblestone streets, the red rooftops, and the bougainvilleas hanging like waterfalls of color. But something was different—perhaps it was him who had changed.

It had been twenty years since he last set foot in his hometown. The death of his mother, Doña Esperanza, was the reason for his return. Although the funeral had taken place days before, Julián felt he still had unfinished business with his past.

He walked slowly through the streets, nodding slightly at the few people who recognized him. His destination was the family home, an adobe building at the end of the main street, near the river.

When he opened the door, the smell of old wood and dry spices enveloped him like an unexpected hug. Everything was just as he remembered: the worn furniture, the tapestry embroidered by his grandmother, and on the table, a white candle his mother always lit at night.

That candle...

Julián furrowed his brow. He didn't remember leaving it lit before he left the town. He approached, blew gently, and the flame vanished.

That night, he couldn't sleep. Memories tormented him: his mother's laughter, the songs she sang while cooking, and the last time they argued.

It had been over something trivial, like most of their fights. However, pride had kept them apart, and Julián never returned to apologize.

At midnight, a soft glow illuminated the hallway. Julián jumped out of bed, thinking it was a lamp that hadn't been turned off properly, but when he reached the living room, he saw the white candle burning again.

"This can't be," he murmured, blowing it out once more. But the candle lit up every night in the following days.

One afternoon, Rosa, the neighbor who had taken care of his mother in her final years, came to visit. She brought a plate of tamales and an expression full of curiosity.

"Julián, how are you?" she asked as she settled into a chair. "Fine... I think," he replied, though he wasn't sure about his answer. "Your mother always said that unresolved things chase us. What's bothering you?"

Julián hesitated but eventually told her about the candle. Rosa listened carefully, and when he finished, she nodded slowly.

"She lit that candle every night before bed. She said it was to guide lost spirits so they could find peace. Maybe you need that peace, Julián."

Her words echoed in him for days. Was it true? Was it him who needed to close chapters, more than his mother or anything else?

One night, after seeing the candle lit for the fifth time, Julián decided to face his memories. He took a wooden box he had found in his mother's room. Inside, there were letters she had never sent, addressed to him.

"Dear Julián," one began, "I know you left out of pride, but there isn't a day that goes by that I don't think of you. I hope that one day you'll find your way back, not just to this town, but to your heart."

Tears flowed unexpectedly. He had wasted so much time being angry, pushing away what he loved most. That night, instead of blowing out the candle, he sat beside it.

"Forgive me, Mom," he whispered.

The flame flickered, as if responding.

The next day, the candle never lit on its own again. Julián began to feel a peace he hadn't known in years. He spent weeks tidying up the house, reading his mother's letters, and talking to the neighbors about the good times.

When the time came to leave, he lit the candle one last time before closing the door. It was a goodbye, but also a new beginning.

The train carried him far away, but this time, Julián knew he could always come back. And when he did, his mother would be there, in every corner of the house, in every lit flame, guiding him toward the love that never extinguished.

El Regalo de la Luna

Alicia nunca imaginó que el día en que limpiara la casa de su abuela se convertiría en un punto de quiebre en su vida. Su abuela, la señora Rosalía, había sido una mujer reservada, llena de misterios y silencios. Nadie en la familia conocía todos sus secretos, y cuando murió, dejando atrás su casa en el barrio de Coyoacán, Alicia se sintió obligada a ordenar las cosas, como si de alguna forma pudiera desentrañar los enigmas de aquella vida callada.

Mientras sacaba cajas y cajas de recuerdos del pasado, una pequeña cajita de madera la llamó la atención. Era delicada, labrada con intrincados símbolos que le resultaban familiares, como si se hubiera encontrado en algún rincón de la cultura prehispánica. El aroma a polvo y madera vieja la envolvió cuando abrió la caja. En su interior, en un lecho de terciopelo, descansaba un pequeño objeto que, al principio, Alicia no comprendió.

Era una roca, sí, pero su brillo plateado no se parecía a nada que hubiera visto antes. Al mirarla más de cerca, observó que su forma era perfecta, redonda y lisa, como una esfera, pero con líneas onduladas que parecían capturar la luz de manera extraña. Cuando la sostuvo en sus manos, una sensación indescriptible la recorrió. Era como si el peso de esa piedra no correspondiera con su tamaño, como si de alguna forma estuviera sujetando un fragmento de algo mucho más grande.

Al fondo de la caja, junto a la piedra, encontró una carta amarillenta. Las letras eran finas y elegantes, pero las palabras, aunque escritas con cuidado, estaban impregnadas de una sensación de urgencia.

—Querida Rosalía, el pedazo de la luna que te envío ha sido guardado en secreto por generaciones. Es tu turno de protegerlo, de comprender lo que trae consigo. No lo dejes caer en manos equivocadas. Que la luz de la luna guíe tu camino, siempre.—

Alicia frunció el ceño. —¿Un pedazo de la luna? ¿Qué significaba todo esto?— Con el corazón acelerado, decidió investigar más sobre esa extraña piedra y el mensaje que su abuela había guardado por tanto tiempo.

Esa noche, después de poner la piedra junto a su cama, Alicia se sumió en un sueño profundo y extraño. En el sueño, caminaba por un vasto campo de maíz bajo un cielo nocturno que parecía más cercano de lo normal, como si pudiera tocar las estrellas. De repente, la luna brilló con intensidad y comenzó a descender lentamente, como si fuera a aterrizar sobre ella.

Alicia intentó moverse, pero no podía. Estaba paralizada, observando cómo la luna se acercaba más y más hasta que su superficie se desintegró en miles de pequeñas partículas que flotaron en el aire, rodeándola. Cada partícula parecía susurrarle palabras que no lograba entender, pero que al mismo tiempo la envolvían de una calma extraña, como si le estuvieran diciendo algo muy importante, algo que había estado esperando toda su vida.

Al despertar, el recuerdo del sueño la dejó atónita. No solo era vívido, sino que sentía que algo dentro de ella había cambiado. La piedra que había encontrado junto a su cama parecía ahora más importante, como si de alguna forma la conectara con algo más allá de la razón, más allá de lo tangible. La luna, en sus sueños y en su vida, se estaba convirtiendo en un enigma que no podía ignorar.

Alicia comenzó a investigar la luna y su significado en la cultura mexicana. Descubrió que en las antiguas civilizaciones, la luna tenía un papel fundamental, no solo como un símbolo de lo divino, sino también como una guía en los sueños y en el destino. La diosa Coyolxauhqui, con su rostro de plata y su conexión con el ciclo de la vida y la muerte, parecía tener algo en común con los misteriosos sueños que la atormentaban.

En su búsqueda, Alicia comenzó a visitar antiguos mercados de Coyoacán, preguntando a los ancianos, buscando entre los libros antiguos de la biblioteca de su abuela, intentando desentrañar el misterio. Cada pieza de información parecía encajar en una imagen más grande, pero nada le daba una respuesta completa. Sin embargo, una cosa se volvió clara: la piedra que había encontrado no era un objeto común. Era un vínculo con algo más allá de su comprensión.

Una noche, después de semanas de investigar y de sueños cada vez más extraños, Alicia se despertó de un sueño especialmente perturbador. En este sueño, la luna se había desmoronado completamente, y con ella, la tierra comenzó a desmoronarse también. En el momento en que la luna tocó el suelo, el universo se detuvo por un segundo, y Alicia escuchó una voz suave, pero poderosa, que le dijo:

—La luna no está hecha para ser poseída, Alicia. Está hecha para ser comprendida, para ser vivida.—

Al despertar, comprendió lo que significaba. La luna no solo era un símbolo, no solo un objeto que pudiera ser guardado en una caja. Era un reflejo de su propio viaje interno, de su lucha con la realidad, con la tradición y la cultura, con las cosas que había heredado y con las que había tenido que romper.

Alicia decidió devolver la piedra a su lugar original: al río de Coyoacán, cerca de la casa de su abuela, donde las aguas guardaban secretos antiguos. En el agua, la piedra comenzó a brillar con una intensidad que la deslumbró. En ese momento, comprendió que la luna, en todas sus formas, nunca podría ser poseída. El regalo de la luna era un recordatorio de que, aunque el misterio siempre perdura, la verdadera magia radica en la capacidad de vivir, de cambiar y de aceptarse a uno mismo, tal como se es, bajo la luz de la luna.

The Gift of the Moon

Alicia never imagined that the day she cleaned her grandmother's house would become a turning point in her life. Her grandmother, Mrs. Rosalía, had been a reserved woman, full of mysteries and silences. No one in the family knew all her secrets, and when she died, leaving behind her house in the Coyoacán neighborhood, Alicia felt compelled to sort through things, as if somehow she could unravel the mysteries of that quiet life.

While pulling out box after box of past memories, a small wooden box caught her attention. It was delicate, carved with intricate symbols that seemed familiar, as if it had been found in some corner of pre-Hispanic culture. The smell of dust and old wood enveloped her as she opened the box. Inside, on a velvet bed, rested a small object that, at first, Alicia did not understand.

It was a rock, yes, but its silvery shine looked unlike anything she had ever seen before. As she looked closer, she noticed its shape was perfect, round, and smooth, like a sphere, but with wavy lines that seemed to capture the light in a strange way. When she held it in her hands, an indescribable sensation washed over her. It was as if the weight of that stone didn't match its size, as if, somehow, she were holding a fragment of something much larger.

At the bottom of the box, beside the stone, she found a yellowed letter. The writing was fine and elegant, but the words, though written carefully, were imbued with a sense of urgency.

"Dear Rosalía, the piece of the moon I send you has been kept secret for generations. It is your turn to protect it, to understand what it brings with it. Do not let it fall into the wrong hands. May the light of the moon guide your path, always."

Alicia frowned. "A piece of the moon? What does all this mean?" With her heart racing, she decided to investigate more about this strange stone and the message her grandmother had kept for so long.

That night, after placing the stone beside her bed, Alicia fell into a deep and strange sleep. In the dream, she walked through a vast cornfield beneath a night sky that seemed closer than usual, as if she could touch the stars. Suddenly, the moon shone brightly and began to descend slowly, as if it were going to land on her.

Alicia tried to move, but she couldn't. She was paralyzed, watching as the moon came closer and closer until its surface disintegrated into thousands of tiny particles that floated in the air, surrounding her. Each particle seemed to whisper words that she could not understand, but at the same time, they enveloped her in a strange calm, as if they were telling her something very important, something she had been waiting for her whole life.

When she woke up, the memory of the dream left her stunned. Not only was it vivid, but she felt something inside her had changed. The stone she had found beside her bed now seemed more important, as if it somehow connected her to something beyond reason, beyond the tangible. The moon, in her dreams and in her life, was becoming an enigma she could not ignore.

Alicia began to research the moon and its meaning in Mexican culture. She discovered that in ancient civilizations, the moon had a fundamental role, not only as a symbol of the divine but also as a guide in dreams and destiny. The goddess Coyolxauhqui, with her silver face and her connection to the cycle of life and death, seemed to have something in common with the mysterious dreams that tormented her.

In her search, Alicia began visiting ancient markets in Coyoacán, asking the elders, searching through the old books in her grandmother's library, trying to unravel the mystery. Each piece of information seemed to fit into a larger picture, but nothing gave her a complete answer. However, one thing became clear: the stone she had found was not an ordinary object. It was a link to something beyond her understanding.

One night, after weeks of research and increasingly strange dreams, Alicia woke from a particularly disturbing dream. In this dream, the moon had completely crumbled, and with it, the earth began to crumble too. The moment the moon touched the ground, the universe stopped for a second, and Alicia heard a soft but powerful voice that said:

"The moon is not made to be possessed, Alicia. It is made to be understood, to be lived."

When she woke up, she understood what it meant. The moon was not just a symbol, not just an object that could be stored in a box. It was a reflection of her own internal journey, her struggle with reality, with tradition and culture, with the things she had inherited and those she had to break away from.

Alicia decided to return the stone to its original place: the river in Coyoacán, near her grandmother's house, where the waters kept ancient secrets. In the water, the stone began to shine with an intensity that dazzled her. In that moment, she understood that the moon, in all its forms, could never be possessed. The gift of the moon was a reminder that, although the mystery always endures, the true magic lies in the ability to live, to change, and to accept oneself, just as one is, under the light of the moon.

Las Estrellas de Veracruz

Era una tarde cálida de septiembre cuando Sofía llegó a Veracruz. Después de años viviendo en la Ciudad de México, decidió hacer una pausa, un respiro. Algo en el aire salado del puerto le había llamado, una sensación de libertad que ya no encontraba en las calles ruidosas de la capital. Se alojó en una pequeña posada cerca del malecón, en un edificio de colores brillantes, justo frente a la playa.

Esa tarde, después de desempacar sus cosas, decidió caminar por la orilla del mar. Las olas rompían suavemente contra la arena, y el sol comenzaba a descender lentamente, tiñendo el cielo de tonos naranja y rosa. Sintió que la brisa marina despejaba su mente, como si cada bocanada de aire purificara sus pensamientos. Todo en Veracruz parecía hablar de algo nuevo, algo que ella había estado buscando sin saberlo.

Al caminar por la playa, Sofía encontró un pequeño café con mesas al aire libre. El lugar estaba decorado con luces colgantes y flores de colores vivos, y se escuchaba música tradicional de marimba a lo lejos. Decidió sentarse y pedir un café. Estaba sola, pero eso no le molestaba; al contrario, la idea de disfrutar de ese momento en soledad la relajaba.

Fue entonces cuando lo vio.

Él estaba sentado en una mesa cercana, con una copa de vino tinto en la mano y mirando al horizonte, como si esperara algo o a alguien. Tenía el cabello oscuro y desordenado por el viento, y un aire melancólico que, de alguna manera, lo hacía más atractivo. Sus ojos, cuando se encontraron con los de Sofía, eran de un verde profundo, como el mar en calma, pero con una mirada que parecía esconder más de lo que mostraba.

—¿Puedo ofrecerte algo? —le preguntó el camarero, interrumpiendo su observación.

Sofía, algo distraída por la presencia de ese hombre, asintió y pidió un café helado. No sabía por qué, pero su corazón latió un poco más rápido.

El hombre la observó por un instante antes de sonreír y volverse hacia la ventana. Sofía lo miró por un momento más antes de desviar la vista. Había algo en él que la atraía, pero también algo que la hacía sentir cautelosa. Sin saber por qué, sentía que no debía acercarse demasiado.

Pasaron unos minutos. Cuando Sofía ya estaba disfrutando de su bebida, el hombre se levantó y se acercó a su mesa.

—¿Puedo unirme a ti? —preguntó con una voz suave, pero firme.

Sofía lo miró, dudando por un segundo. Luego, asintió. No sabía qué era lo que le impulsaba a invitarlo a sentarse, pero sentía que debía hacerlo.

—Claro —respondió con una sonrisa nerviosa, pero genuina.

Se presentó como Alejandro. Era un hombre de unos treinta años, pero con una expresión que parecía mostrar más madurez de la que realmente tenía. Durante unos minutos, hablaron sobre trivialidades: el clima, el café, la belleza del lugar. Sin embargo, algo en la conversación fue tomando un giro más profundo. Hablaron sobre sus vidas, sus sueños, y poco a poco, Sofía empezó a sentir que Alejandro no era solo un hombre cualquiera, sino alguien con quien podría compartir algo más.

Él le habló de su trabajo como restaurador de arte, de cómo había viajado por varios países, y de cómo Veracruz había sido su refugio después de una serie de desilusiones personales. Sofía, por su parte, le contó sobre su trabajo como editora de libros y cómo, a pesar de su éxito profesional, siempre había sentido que le faltaba algo en su vida.

Lo que ninguno de los dos dijo en ese momento fue que ambos estaban huyendo de algo. Alejandro llevaba consigo el dolor de una relación rota y Sofía, el peso de un pasado reciente lleno de traiciones. Ambos se habían encontrado en Veracruz buscando respuestas, pero sin saberlo, también estaban buscando amor.

La conversación se alargó hasta que la noche cayó y las luces del café comenzaron a brillar con más intensidad. El sonido de la marimba se mezclaba con las risas de los turistas y los locales, creando una atmósfera mágica. Sin pensarlo, Sofía y Alejandro se levantaron para caminar por la orilla del mar. Los dos sabían que algo estaba naciendo entre ellos, pero ninguno de los dos quería ponerle nombre.

Esa noche, caminando bajo las estrellas de Veracruz, se dieron cuenta de que compartían algo más que palabras: una conexión que no necesitaba explicaciones, algo que iba más allá de lo que podían decir.

Los días siguientes fueron un torbellino de emociones. Sofía y Alejandro se veían cada tarde, compartiendo cenas en la costa, caminatas bajo el cielo estrellado y momentos de conversación que parecían eternos. Sin embargo, conforme pasaba el tiempo, algo en su interior les decía que sus pasados, esos que ambos trataban de ocultar, eventualmente saldrían a la luz.

Sofía había notado que Alejandro era distante algunas noches, como si en su mente estuviera lejos, atrapado en un recuerdo doloroso. Y Alejandro, por su parte, notaba que Sofía no se permitía abrirse completamente, como si temiera dar demasiado de sí misma. Había algo que los unía, pero también algo que los mantenía separados, como si ambos estuvieran protegiéndose de una verdad que aún no estaban dispuestos a enfrentar.

Una noche, mientras caminaban por la plaza principal, Sofía se detuvo y miró a Alejandro con una mezcla de incertidumbre y decisión.

—Alejandro, ¿por qué me ocultas algo? —preguntó, con la voz apenas audible.

Él la miró, su rostro serio. No respondió de inmediato. Pero, después de unos segundos, asintió lentamente.

—Porque tengo miedo —admitió—. Tengo miedo de que si te cuento mi historia, te alejes. Tengo miedo de que lo que compartimos aquí, en Veracruz, se rompa.

Sofía no respondió, pero su corazón latió más rápido. Sabía que la vulnerabilidad de Alejandro era una señal de que algo importante estaba por suceder. Quizá, solo quizá, podrían enfrentar sus miedos juntos.

Esa noche, después de compartir sus historias, de abrir sus corazones, ambos supieron que lo que habían comenzado en Veracruz era algo real. A pesar de sus pasados difíciles, a pesar de sus miedos y secretos, la conexión que habían encontrado era más fuerte que cualquier obstáculo.

Bajo las estrellas de Veracruz, en la misma playa donde todo había comenzado, Alejandro tomó la mano de Sofía y le dijo:

—Quizá no podamos borrar el pasado, pero podemos construir algo juntos. Algo nuevo, algo verdadero.

Sofía sonrió, y con la luna reflejada en el mar y las estrellas iluminando la noche, aceptó. A veces, el amor llega cuando menos lo esperamos, y bajo el cielo de Veracruz, Sofía y Alejandro supieron que su historia no estaba destinada a ser un recuerdo lejano, sino un futuro lleno de promesas y nuevos comienzos.

The Stars of Veracruz

It was a warm afternoon in September when Sofía arrived in Veracruz. After years living in Mexico City, she decided to take a break, a breather. Something about the salty air of the port called to her, a sense of freedom she no longer found in the noisy streets of the capital. She stayed in a small inn near the boardwalk, in a brightly colored building right in front of the beach.

That afternoon, after unpacking her things, she decided to take a walk along the shore. The waves gently crashed against the sand, and the sun began to set slowly, painting the sky in shades of orange and pink. She felt the sea breeze clearing her mind, as if every breath of air was purifying her thoughts. Everything in Veracruz seemed to speak of something new, something she had been searching for without even knowing it.

As she walked along the beach, Sofía found a small café with outdoor tables. The place was decorated with hanging lights and vibrant flowers, and traditional marimba music played faintly in the background. She decided to sit down and order a coffee. She was alone, but that didn't bother her; on the contrary, the idea of enjoying that moment in solitude relaxed her.

It was then that she saw him.

He was sitting at a nearby table, holding a glass of red wine in his hand and staring out at the horizon, as if waiting for something or someone. His dark hair was tousled by the wind, and there was a melancholic air about him that somehow made him more attractive. His eyes, when they met Sofía's, were a deep green, like calm sea, but with a look that seemed to hide more than it revealed.

"Can I offer you something?" asked the waiter, interrupting her observation. Sofía, slightly distracted by the presence of the man, nodded and ordered an iced coffee. She didn't know why, but her heart skipped a beat.

The man looked at her for a moment before smiling and turning toward the window. Sofía glanced at him again before averting her eyes. There was something about him that attracted her, but also something that made her cautious. She didn't know why, but she felt she shouldn't get too close.

A few minutes passed. When Sofía was enjoying her drink, the man stood up and walked over to her table.

"May I join you?" he asked in a soft yet firm voice.

Sofía looked at him, hesitating for a moment. Then she nodded. She didn't know what prompted her to invite him to sit, but she felt it was something she had to do.

"Sure," she replied with a nervous but genuine smile.

He introduced himself as Alejandro. He was a man in his thirties, but with an expression that seemed to show more maturity than he actually had. For a few minutes, they talked about trivial matters: the weather, the coffee, the beauty of the place. However, something in the conversation started to take a deeper turn. They spoke about their lives, their dreams, and little by little, Sofía began to feel that Alejandro was not just any man, but someone with whom she could share something more.

He told her about his work as an art restorer, how he had traveled to several countries, and how Veracruz had become his refuge after a series of personal disappointments. Sofía, for her part, shared about her job as a book editor and how, despite her professional success, she had always felt something was missing from her life.

What neither of them said at that moment was that they were both running from something. Alejandro carried the pain of a broken relationship, and Sofía, the weight of a recent past full of betrayals. They had both found themselves in Veracruz seeking answers, but unknowingly, they were also seeking love.

The conversation stretched on until nightfall, and the café lights began to shine brighter. The sound of the marimba blended with the laughter of both tourists and locals, creating a magical atmosphere. Without thinking, Sofía and Alejandro got up to walk along the beach. Both knew that something was beginning between them, but neither wanted to name it.

That night, walking under the stars of Veracruz, they realized they shared more than just words: a connection that needed no explanations, something that went beyond what they could say.

The following days were a whirlwind of emotions. Sofía and Alejandro met each afternoon, sharing dinners by the coast, walks under the starry sky, and conversations that seemed eternal. However, as time passed, something inside them told them that their pasts, those they both tried to hide, would eventually come to light.

Sofía had noticed that Alejandro seemed distant some nights, as if his mind were elsewhere, trapped in a painful memory. And Alejandro, for his part, noticed that Sofía didn't allow herself to fully open up, as if she feared giving too much of herself. There was something that connected them, but also something that kept them apart, as if both were protecting themselves from a truth they weren't yet ready to face.

One evening, while walking through the main square, Sofía stopped and looked at Alejandro with a mix of uncertainty and resolve.

"Alejandro, why are you hiding something from me?" she asked, her voice barely audible.

He looked at her, his face serious. He didn't answer immediately. But after a few seconds, he slowly nodded.

"Because I'm afraid," he admitted. "I'm afraid that if I tell you my story, you'll walk away. I'm afraid that what we have here, in Veracruz, will break."

Sofía didn't respond, but her heart beat faster. She knew that Alejandro's vulnerability was a sign that something important was about to happen. Maybe, just maybe, they could face their fears together.

That night, after sharing their stories and opening their hearts, both knew that what they had started in Veracruz was real. Despite their difficult pasts, despite their fears and secrets, the connection they had found was stronger than any obstacle.

Under the stars of Veracruz, on the same beach where it had all begun, Alejandro took Sofía's hand and said:

"Maybe we can't erase the past, but we can build something together. Something new, something true."

Sofía smiled, and with the moon reflecting on the sea and the stars lighting up the night, she accepted. Sometimes, love arrives when we least expect it, and under the sky of Veracruz, Sofía and Alejandro knew that their story wasn't destined to be a distant memory, but a future filled with promises and new beginnings.

El Hombre que Quería Olvidar

En un pequeño pueblo aislado entre las montañas de Oaxaca, donde la niebla abrazaba las cumbres y el aire fresco penetraba la piel, vivía un hombre que buscaba olvidar. Su nombre era Esteban Ruiz, pero en el pueblo lo conocían simplemente como "El Boxer". Había llegado allí hace ya algunos años, después de que su vida en la ciudad se desmoronara. Había sido un hombre famoso en su juventud, un campeón de boxeo con un récord impecable, pero los años le habían pasado factura. El cuerpo ya no respondía como antes, y las memorias de las peleas, los golpes, y las decisiones equivocadas lo perseguían cada noche.

Esteban vivía en una casita modesta a las afueras del pueblo, un lugar apartado de las miradas curiosas. Nadie sabía mucho de su pasado, y eso le gustaba. Las pocas veces que se encontraba con los aldeanos, apenas hablaba. En su silencio se encontraba una paz sombría que le ofrecía un alivio temporal. La gente lo respetaba, pero no se atrevía a acercarse demasiado. Era un hombre grande, de rostro endurecido por los años y las cicatrices, tanto internas como externas.

El pueblo, por su parte, era tranquilo. Un lugar donde las montañas parecían vigilar y el río susurraba historias de generaciones pasadas. Era un refugio de aquellos que huían de la vida moderna, de aquellos que querían escapar de lo que alguna vez fueron.

Un día, mientras Esteban caminaba hacia el mercado del pueblo, un joven se le acercó. Tenía los ojos brillantes, llenos de una energía que Esteban ya no sentía. El joven, que se llamaba Martín, había oído hablar de Esteban, del campeón de boxeo que había llegado al pueblo para olvidar.

—¿Eres Esteban Ruiz? —preguntó Martín con una mezcla de respeto y curiosidad.

Esteban lo miró fijamente, su mirada penetrante, pero sin decir una palabra. El joven insistió.

—He oído mucho sobre ti. Mi padre fue boxeador también, y siempre hablaba de los grandes peleadores de su tiempo. Yo... yo también quiero ser boxeador. Quiero aprender todo lo que pueda. ¿Me enseñarías?

Esteban no respondió de inmediato. Lo observó con detenimiento, como si el joven representara un reflejo de lo que alguna vez fue, y lo que había perdido. La vida del boxeo había sido suya, pero también le había dejado demasiadas heridas. Heridas que, por más que trató de sanar, siempre regresaban. Finalmente, tras un largo silencio, Esteban asintió con la cabeza.

—Está bien, te enseñaré. Pero el boxeo no es solo golpes. Es más que eso. Es aprender a vivir con lo que te queda después de cada pelea, con lo que el mundo te quita. Si estás dispuesto a eso, entonces sígueme.

Y así comenzó la extraña relación entre el hombre que quería olvidar y el joven que aún no había vivido lo suficiente para saber lo que debía olvidar.

Esteban empezó a entrenar a Martín todos los días. Los entrenamientos no eran fáciles. Esteban le enseñaba a moverse, a esquivar, a golpear con precisión. Pero también le enseñaba a escuchar, a callar, a soportar el dolor. El boxeo, para Esteban, no era solo un deporte; era un modo de vida, una forma de enfrentarse a la vida misma, con todo lo que tenía. Y lo más importante, le enseñaba a Martín algo que él nunca había aprendido: cómo hacer frente a los fantasmas del pasado.

A medida que pasaban los días, Martín comenzó a notar que Esteban, aunque era un hombre fuerte y resistente, llevaba consigo una sombra.

Las noches en que no entrenaban, el viejo boxeador se sentaba en su sillón de madera y observaba el paisaje, perdido en sus pensamientos. A veces, Martín lo veía mirar al vacío con una tristeza infinita en sus ojos, como si el peso de sus propios recuerdos lo aplastara.

Una tarde, mientras entrenaban en el campo, Martín se atrevió a preguntarle.

—¿Por qué viniste aquí, Esteban? ¿Por qué dejaste todo atrás?

Esteban lo miró con una expresión indescifrable, pero al final habló, en voz baja.

—Vine porque no podía seguir con las peleas. No las físicas, sino las otras... las que se libran en la mente. Durante años, me hice a un lado, me alejé de todos. Me olvidé de mi familia, de mis amigos, de los hombres a los que hice daño. Y al final, me olvidé de mí mismo. Aquí, en este pueblo, espero encontrar paz. Pero sé que no la encontraré.

Martín escuchaba en silencio, sorprendido por la honestidad de Esteban. Era un hombre marcado, no solo por las cicatrices de sus peleas, sino por las decisiones que había tomado a lo largo de su vida. Sabía que Esteban cargaba con algo mucho más pesado que su cuerpo.

—A veces creo que la gente como yo no tiene derecho a la paz —continuó Esteban—. Hemos hecho demasiadas cosas, y no se puede borrar lo que ya está hecho. La gente olvida, pero yo no puedo.

Unos días después, Esteban se despertó en medio de la noche, sudoroso, con el corazón latiendo desbocado. Había tenido un sueño extraño, uno de esos que lo arrastraba a tiempos que preferiría olvidar. En el sueño, estaba en el cuadrilátero, enfrentándose a un hombre joven, fuerte, con la mirada de alguien dispuesto a ganar a toda costa. Esteban recordaba cada golpe, cada dolor, cada momento de desespero. El joven era él mismo, años atrás, lleno de esperanza y de una arrogancia peligrosa.

Se levantó de la cama, salió al porche de su casa y miró las estrellas. No podía dormir. La pesadilla lo había dejado en vilo, como si los fantasmas de su pasado estuvieran de nuevo acechando. Pensó en la pelea más importante que había tenido en su vida: aquella que había perdido antes de retirarse, aquella que había marcado el final de su carrera y el principio de su arrepentimiento.

Esteban sabía que nunca podría olvidar lo que había hecho, las promesas rotas, los hombres que había herido, y sobre todo, la familia que había dejado atrás. Pero en ese preciso momento, mirando las estrellas brillando en el cielo, comprendió algo. Tal vez el olvido no fuera la respuesta. Tal vez, en lugar de olvidar, tendría que perdonarse a sí mismo.

Con el tiempo, Martín se convirtió en un buen boxeador. Su técnica mejoraba, pero lo más importante era que había aprendido a luchar no solo con los puños, sino también con su mente. Esteban lo veía entrenar con una mezcla de orgullo y tristeza. El joven se estaba convirtiendo en un hombre, y Esteban sabía que su tiempo como mentor se acercaba al final.

Un día, Martín lo encontró sentado en su silla, como siempre, mirando el paisaje.

—¿Estás bien? —preguntó Martín, preocupado.

Esteban sonrió, pero su sonrisa estaba cargada de melancolía.

—He encontrado lo que buscaba —dijo, sin mirarlo—. Tal vez no sea la paz que pensaba, pero es suficiente.

Martín asintió, entendiendo que, aunque Esteban nunca podría olvidar su pasado, al menos había hecho las paces con él. En ese momento, Esteban Ruiz dejó de ser solo "El Boxer" para convertirse en un hombre que había aprendido a vivir con lo que había hecho, a aceptar su dolor y a perdonarse a sí mismo. Y en ese perdón, tal vez, encontró su propia redención.

The Man Who Wanted to Forget

In a small village nestled between the mountains of Oaxaca, where the mist hugged the peaks and the cool air penetrated the skin, there lived a man who sought to forget. His name was Esteban Ruiz, but in the village, he was simply known as "The Boxer." He had arrived there years ago, after his life in the city had crumbled. He had been famous in his youth, a boxing champion with an impeccable record, but the years had taken their toll. His body no longer responded like it used to, and the memories of the fights, the punches, and the wrong decisions haunted him every night.

Esteban lived in a modest little house on the outskirts of the village, a place away from curious eyes. No one knew much about his past, and he liked it that way. The few times he encountered the villagers, he barely spoke. In his silence, he found a somber peace that offered him temporary relief. People respected him, but they didn't dare get too close. He was a large man, his face hardened by years and scars, both internal and external.

The village, on the other hand, was peaceful. A place where the mountains seemed to watch over everything and the river whispered stories of past generations. It was a refuge for those who wanted to escape the modern world, for those who wanted to flee from what they had once been.

One day, while Esteban was walking toward the village market, a young man approached him. He had bright eyes, filled with an energy Esteban no longer felt. The young man, named Martín, had heard about Esteban, the boxing champion who had come to the village to forget.

"Are you Esteban Ruiz?" Martín asked, a mix of respect and curiosity in his voice.

Esteban stared at him, his gaze intense but without speaking a word. The young man persisted.

"I've heard a lot about you. My father was a boxer too, and he always talked about the great fighters of his time. I... I want to be a boxer. I want to learn everything I can. Will you teach me?"

Esteban didn't answer immediately. He studied the young man as if he were a reflection of what he once was and what he had lost. Boxing had been his life, but it had also left him with too many scars—scars that, no matter how much he tried to heal, always came back. After a long silence, Esteban nodded.

"Alright, I'll teach you. But boxing isn't just about punches. It's more than that. It's learning to live with what's left after every fight, with what the world takes from you. If you're ready for that, then follow me."

And so began the strange relationship between the man who wanted to forget and the young man who hadn't lived long enough to know what he should forget.

Esteban started training Martín every day. The training wasn't easy. Esteban taught him how to move, how to dodge, how to hit with precision. But he also taught him to listen, to be silent, to endure pain. For Esteban, boxing was not just a sport; it was a way of life, a way of facing life itself, with everything it had. And most importantly, he taught Martín something he had never learned: how to face the ghosts of the past.

As the days passed, Martín began to notice that Esteban, although a strong and resilient man, carried a shadow with him. On the nights when they didn't train, the old boxer would sit in his wooden chair, staring out at the landscape, lost in thought. Sometimes, Martín would see him gazing into the distance with an infinite sadness in his eyes, as if the weight of his own memories was crushing him.

One afternoon, while they were training in the field, Martín dared to ask him.

"Why did you come here, Esteban? Why did you leave everything behind?"

Esteban looked at him with an unreadable expression, but in the end, he spoke, his voice low.

"I came because I couldn't keep going with the fights. Not the physical ones, but the others... the ones fought in the mind. For years, I stepped aside, I distanced myself from everyone. I forgot about my family, my friends, the men I hurt. And in the end, I forgot about myself. Here, in this village, I hope to find peace. But I know I won't."

Martín listened in silence, surprised by Esteban's honesty. He was a man marked, not only by the scars from his fights but by the decisions he had made throughout his life. He knew Esteban carried something much heavier than his body.

"Sometimes, I think people like me don't deserve peace," Esteban continued. "We've done too many things, and you can't erase what's already been done. People forget, but I can't."

A few days later, Esteban woke up in the middle of the night, sweaty, with his heart pounding wildly. He had had a strange dream, one of those dreams that dragged him back to times he'd rather forget. In the dream, he was in the ring, facing a young man, strong, with the look of someone determined to win at all costs. Esteban remembered every punch, every pain, every moment of desperation. The young man was himself, years ago, filled with hope and dangerous arrogance.

He got out of bed, stepped onto the porch of his house, and looked at the stars. He couldn't sleep. The nightmare had left him restless, as if the ghosts of his past were once again lurking. He thought about the most important fight of his life: the one he had lost before retiring, the one that marked the end of his career and the beginning of his regret.

Esteban knew he could never forget what he had done, the broken promises, the men he had hurt, and above all, the family he had left behind. But in that precise moment, looking at the stars shining in the sky, he understood something. Perhaps forgetting wasn't the answer. Maybe, instead of forgetting, he had to forgive himself.

Over time, Martín became a good boxer. His technique improved, but the most important thing was that he had learned to fight not only with his fists but also with his mind. Esteban watched him train with a mix of pride and sadness. The young man was becoming a man, and Esteban knew that his time as a mentor was coming to an end.

One day, Martín found him sitting in his chair, as usual, gazing out at the landscape.

"Are you okay?" Martín asked, concerned.

Esteban smiled, but his smile was tinged with melancholy.

"I've found what I was looking for," he said, without looking at him. "Maybe it's not the peace I thought it would be, but it's enough."

Martín nodded, understanding that, although Esteban would never be able to forget his past, at least he had made peace with it. At that moment, Esteban Ruiz stopped being just "The Boxer" and became a man who had learned to live with what he had done, to accept his pain, and to forgive himself. And in that forgiveness, maybe, he found his own redemption.

Las Flores de Tlalpan

———

Cada mañana, al abrir la puerta de su departamento en Tlalpan, Alicia encontraba un ramo de flores frescas, cuidadosamente dispuesto en el suelo. Al principio, pensó que alguien podría haberlo dejado por error, tal vez una vecina confundida o un entregador distraído. Pero los días pasaron, y las flores seguían apareciendo: diferentes tipos, pero siempre hermosas, vibrantes y perfectas, como si hubieran sido elegidas especialmente para ella.

Las flores nunca venían acompañadas de una nota, una pista o una explicación. Solo el ramo, siempre fresco y lleno de vida. Durante el primer mes, Alicia se sintió desconcertada, pero también intrigada. Las flores se convirtieron en un ritual diario, una parte de su rutina que ya esperaba con ansiedad. Cada ramo tenía una peculiaridad que la hacía sonreír: un día eran rosas rojas, al siguiente lirios morados, otro día margaritas blancas como la nieve.

Alicia no tenía idea de quién podría ser el responsable. Vivía sola desde hacía dos años, después de que su relación con Marco, su exesposo, terminara de manera abrupta. Se mudó a Tlalpan buscando paz, un lugar donde pudiera recomponer su vida después de la tormenta emocional que había atravesado. Pero la aparición de esas flores inexplicables despertó algo en su interior, algo que había estado dormido por mucho tiempo.

Una tarde, después de recibir el ramo del día, Alicia decidió investigar. Salió de su departamento y comenzó a caminar por las calles empedradas de Tlalpan, un barrio lleno de historia y de una tranquilidad que le resultaba agradable. Las casas coloniales, los árboles frondosos y las pequeñas plazas escondidas la hacían sentirse más cerca de sí misma. Pero mientras paseaba, sus pensamientos no podían dejar de regresar a las flores.

"¿Quién las deja?", pensaba. "¿Por qué a mí? ¿Qué significa todo esto?"

Esa misma tarde, mientras tomaba un café en una de las terrazas de la plaza principal, Alicia vio a un hombre que la miraba desde el otro lado de la calle. No era un hombre joven, pero su mirada era intensa, casi como si la estuviera observando desde hacía mucho tiempo. Él la reconoció al instante, y sin pensarlo dos veces, cruzó la calle y se acercó.

—Disculpa, ¿Alicia? —preguntó con una voz suave pero firme.

Alicia lo miró sorprendida, sin poder ubicarlo. No lo conocía, pero algo en su rostro le era familiar.

—Sí, soy yo. ¿Nos conocemos? —respondió, algo desconcertada.

El hombre sonrió y asintió.

—Soy Héctor, el florista. Vivo aquí cerca, en la calle de San Juan. Es posible que te haya dejado algunos ramos de flores en tu puerta.

Alicia no sabía qué decir. Su corazón latió más rápido, como si una corriente de energía se hubiera apoderado de ella.

—¿Tú eres el que ha dejado las flores en mi puerta? —preguntó, aún incrédula.

Héctor asintió y se sentó en la silla frente a ella. A pesar de la sorpresa inicial, Alicia sintió que había algo reconfortante en su presencia. Era como si, de alguna manera, todo encajara en ese momento.

—Sí —dijo Héctor con una sonrisa cálida—. Durante un tiempo, he observado cómo te has alejado de todo lo que te rodea. He visto que te sumerges en tu trabajo, pero también que hay algo triste en ti, algo que te impide seguir adelante. Las flores son mi manera de decirte que el mundo sigue siendo hermoso, incluso cuando nosotros lo olvidamos. Son mi manera de recordarte a ti misma que todavía puedes sentir, que hay cosas pequeñas que pueden devolver la alegría a tu vida.

Alicia lo miró en silencio, sorprendida por sus palabras. En su interior, algo comenzó a despertar. El dolor de la separación con Marco, las cicatrices de los años pasados, parecían diluirse un poco ante la verdad de esas palabras. ¿Cómo había llegado un hombre extraño a comprenderla tan bien?

—¿Por qué me escogiste? —preguntó, sin poder evitarlo.

Héctor la observó con una expresión pensativa, como si estuviera buscando la forma correcta de responder.

—No te escogí, Alicia. Las flores te escogieron a ti. Me gusta pensar que, a veces, la vida nos manda señales de cosas que hemos olvidado. Las flores son simplemente un recordatorio de que lo que parecía perdido aún puede florecer, incluso en los rincones más oscuros.

A partir de ese momento, Alicia comenzó a ver las flores de una manera diferente. Héctor la invitó a su taller de flores en San Juan, donde pasó varias tardes observando cómo arreglaba las flores con una delicadeza casi poética. Cada ramo parecía contar una historia diferente, y Alicia se dio cuenta de que él no solo era un florista, sino también un hombre que veía el mundo de una forma única. Mientras charlaban sobre la vida, la naturaleza y los secretos de los jardines, Alicia empezó a entender algo importante.

Las flores no solo eran un regalo físico. Cada una de ellas representaba una parte de ella misma que había estado dormida durante años. Las rosas rojas simbolizaban el amor que alguna vez sintió, pero que había dejado atrás. Los lirios morados representaban la calma que había perdido después de la tormenta emocional de su divorcio. Las margaritas blancas hablaban de la pureza y la esperanza que, aunque dormidas, todavía existían en su corazón.

Héctor le enseñó a ver el mundo con una nueva perspectiva, a dejarse llevar por lo que sentía sin miedo. Le mostró cómo la belleza podía estar en los pequeños detalles, en las cosas sencillas de la vida. Poco a poco, Alicia empezó a encontrar algo que había perdido: ella misma.

Un mes después de su primer encuentro, Alicia estaba cambiando. No solo había comenzado a disfrutar de las flores que Héctor le dejaba, sino que también había aprendido a mirarse al espejo sin avergonzarse de lo que veía. La tristeza que había llevado durante tanto tiempo se estaba disipando, y en su lugar comenzaba a florecer una nueva versión de ella misma.

Una tarde, después de una visita al taller de flores, Alicia se sentó en un banco del parque de Tlalpan, mirando el atardecer. Pensó en lo lejos que había llegado en tan poco tiempo. Recordó las primeras noches de soledad, cuando se sentía vacía, cuando sentía que nunca podría encontrar la paz. Pero ahora, sentía que todo estaba cambiando.

A lo lejos, vio a Héctor acercarse. Caminaba hacia ella con una sonrisa que parecía iluminar el lugar. Al llegar, se sentó junto a ella sin decir una palabra, solo observando el horizonte.

—Gracias por todo —dijo Alicia finalmente, con la voz suave, pero firme.

Héctor la miró y sonrió.

—No he hecho nada, Alicia. Las flores solo te han mostrado lo que ya estaba dentro de ti.

Y en ese momento, entre las flores de Tlalpan, Alicia entendió que no necesitaba buscar más respuestas. La vida seguía siendo misteriosa, pero ella ya no tenía miedo de enfrentarse a lo que viniera. Las flores, el amor y las conexiones inesperadas habían abierto una puerta en su corazón, y ella estaba lista para caminar por el sendero que se extendía ante ella.

39

The Flowers of Tlalpan

E very morning, when Alicia opened the door of her apartment in Tlalpan, she found a bouquet of fresh flowers, carefully arranged on the ground. At first, she thought someone might have left them by mistake—perhaps a confused neighbor or a distracted delivery person. But as the days passed, the flowers kept appearing: different types, but always beautiful, vibrant, and perfect, as if they had been chosen especially for her.

The flowers never came with a note, a clue, or an explanation. Just the bouquet, always fresh and full of life. During the first month, Alicia felt puzzled, but also intrigued. The flowers became a daily ritual, a part of her routine that she began to eagerly anticipate. Each bouquet had a peculiar characteristic that made her smile: one day it was red roses, the next day purple lilies, another day, white daisies as pure as snow.

Alicia had no idea who could be behind it. She had been living alone for two years after her relationship with Marco, her ex-husband, ended abruptly. She had moved to Tlalpan seeking peace, a place where she could rebuild her life after the emotional storm she had gone through. But the appearance of these mysterious flowers stirred something inside her, something that had been dormant for a long time.

One afternoon, after receiving the bouquet of the day, Alicia decided to investigate. She left her apartment and began walking through the cobbled streets of Tlalpan, a neighborhood full of history and a tranquility that felt soothing. The colonial houses, the lush trees, and the hidden little squares made her feel closer to herself. But as she walked, her thoughts kept drifting back to the flowers.

"Who is leaving them?" she thought. "Why me? What does it all mean?"

That very afternoon, while having a coffee at one of the terraces in the main square, Alicia saw a man staring at her from across the street. He wasn't a young man, but his gaze was intense, almost as if he had been watching her for a long time. He recognized her instantly, and without a second thought, he crossed the street and approached her.

"Excuse me, Alicia?" he asked in a soft but firm voice.

Alicia looked at him, surprised, unable to place him. She didn't know him, but something about his face seemed familiar.

"Yes, that's me. Do we know each other?" she responded, a bit puzzled.

The man smiled and nodded.

"I'm Héctor, the florist. I live nearby, on San Juan street. It's possible that I've left a few bouquets of flowers at your door."

Alicia didn't know what to say. Her heart began to beat faster, as if a current of energy had taken over her.

"You're the one who's been leaving flowers at my door?" she asked, still incredulous.

Héctor nodded and sat down in the chair across from her. Despite the initial shock, Alicia felt there was something comforting about his presence. It was as if, somehow, everything made sense at that moment.

"Yes," Héctor said with a warm smile. "For a while now, I've been watching how you've distanced yourself from everything around you. I've seen how you dive into your work, but I also sense there's something sad in you, something that's stopping you from moving forward. The flowers are my way of telling you that the world is still beautiful, even when we forget. They are my way of reminding you that you can still feel, that there are little things that can bring joy back into your life."

Alicia stared at him in silence, surprised by his words. Inside, something began to stir. The pain from her separation with Marco, the scars from the years past, seemed to dissolve a little in the truth of those words. How had a stranger come to understand her so well?

"Why did you choose me?" she asked, unable to stop herself.

Héctor looked at her thoughtfully, as if searching for the right way to answer.

"I didn't choose you, Alicia. The flowers chose you. I like to think that sometimes life sends us signals about things we've forgotten. The flowers are simply a reminder that what seemed lost can still bloom, even in the darkest corners."

From that moment on, Alicia began to see the flowers in a new light. Héctor invited her to his flower workshop on San Juan Street, where she spent several afternoons watching him arrange flowers with almost poetic delicacy. Each bouquet seemed to tell a different story, and Alicia realized that he was not just a florist, but also a man who saw the world in a unique way. As they talked about life, nature, and the secrets of gardens, Alicia started to understand something important.

The flowers were not just a physical gift. Each one represented a part of herself that had been dormant for years. The red roses symbolized the love she had once felt but had left behind. The purple lilies represented the calm she had lost after the emotional storm of her divorce. The white daisies spoke of the purity and hope that, although dormant, still existed in her heart.

Héctor taught her to see the world with a new perspective, to let herself be guided by what she felt, without fear. He showed her how beauty could be found in the smallest details, in the simple things of life. Little by little, Alicia began to find something she had lost: herself.

One month after their first meeting, Alicia was changing. Not only had she started to enjoy the flowers Héctor left for her, but she had also learned to look at herself in the mirror without feeling ashamed of what she saw. The sadness she had carried for so long was dissipating, and in its place, a new version of herself was beginning to bloom.

One afternoon, after a visit to the flower workshop, Alicia sat on a bench in the Tlalpan park, watching the sunset. She thought about how far she had come in such a short time. She remembered the first nights of loneliness, when she felt empty, when she thought she would never find peace. But now, she felt like everything was changing.

In the distance, she saw Héctor approaching. He walked toward her with a smile that seemed to light up the place. When he arrived, he sat next to her without saying a word, just watching the horizon.

"Thank you for everything," Alicia finally said, her voice soft but firm.

Héctor looked at her and smiled.

"I haven't done anything, Alicia. The flowers just showed you what was already inside of you."

And at that moment, among the flowers of Tlalpan, Alicia understood that she didn't need to search for more answers. Life remained mysterious, but she no longer feared facing whatever came. The flowers, love, and unexpected connections had opened a door in her heart, and she was ready to walk down the path that lay ahead.

El Último Café de la Tarde

El sonido del espresso moliéndose y el aroma del pan recién horneado envolvían el pequeño café en el corazón de la Ciudad de México. El lugar estaba lleno de historias, de murmullos suaves y de conversaciones perdidas en el aire, pero para Valeria, este café tenía un significado mucho más profundo. Era el escenario de un reencuentro que llevaba años esperando, aunque no lo sabía hasta ese mismo momento.

Se había sentado en una mesa junto a la ventana, mirando la lluvia caer suavemente sobre las calles empedradas. La ciudad parecía vieja, como una amiga que ha envejecido con gracia, con recuerdos en cada esquina. Valeria había llegado primero, ansiosa, pero con un nudo en el estómago. El café siempre había sido su refugio, un lugar donde la vida parecía detenerse un momento y le permitía reflexionar sobre los caminos que había recorrido. Pero hoy, todo estaba teñido de una nostalgia especial. Estaba esperando a Diego, su amigo de la infancia.

Diego y Valeria habían sido inseparables en su niñez. Habían compartido risas, secretos y aventuras, hasta que la vida los separó: él se fue a estudiar al extranjero, y ella se quedó en la ciudad, persiguiendo su propio destino. Años pasaron, llenos de historias que nunca se contaron, de cartas olvidadas y llamadas que nunca llegaron. Pero el destino, con su caprichosa manera de actuar, había hecho que se reencontraran aquí, en este café, después de más de diez años.

La puerta del café se abrió y Valeria levantó la vista. Allí estaba él. Diego. No había cambiado mucho, aunque el tiempo había dejado huellas en su rostro. Su cabello, ántes oscuro y lleno de vida, ahora tenía algunas canas. Sus ojos seguían siendo los mismos: profundos y curiosos, pero también reflejaban una cierta melancolía. Él la miró, y por un momento, el mundo pareció detenerse.

—Valeria —dijo él, sonriendo tímidamente.

Valeria sonrió, levantándose para abrazarlo. El abrazo fue largo, como si los años que habían estado separados se pudieran borrar en un instante. El aroma de su perfume, la familiaridad de su voz, todo parecía regresar en ese simple gesto.

—Diego... —susurró ella, un poco sorprendida por la intensidad de sus propios sentimientos al verlo de nuevo.

Se sentaron frente a frente, con una taza de café humeante entre ellos. La conversación comenzó lentamente, como si el tiempo tuviera que reconectarlos. Hablaron de cosas triviales: cómo estaban sus familias, qué había pasado en sus vidas, los amigos que habían perdido y los nuevos que habían hecho. Pero poco a poco, las palabras se fueron deteniendo, como si una pregunta invisible estuviera flotando en el aire, esperando a ser planteada.

—¿Cómo es posible que haya pasado tanto tiempo? —preguntó Valeria, rompiendo el silencio.

Diego suspiró, mirándola fijamente. Sus ojos parecían más serios ahora, como si estuviera sopesando cada palabra.

—La vida, supongo. Todos tomamos diferentes caminos. Yo me fui a estudiar fuera, y tú... bueno, tú seguiste con tus sueños aquí. Y nunca nos volvimos a ver. Tal vez pensábamos que el tiempo nos esperaría.

Valeria asintió lentamente. El tiempo no espera a nadie, y eso lo sabía bien. A veces, uno se toma un respiro y al abrir los ojos, se da cuenta de que todo ha cambiado. Incluso las personas que creía conocer mejor que a sí misma.

Ambos guardaron silencio. Los recuerdos llegaron como olas inesperadas: las tardes de verano en las que jugaban a correr por el barrio, las confidencias a escondidas, los días en que creyeron que el mundo les pertenecía. Pero también había recuerdos más dolorosos, aquellos momentos en los que las cosas no salían como esperaban, cuando las expectativas y los sueños se chocaban contra la realidad.

—Nunca supe por qué dejaste de escribir —dijo Diego, rompiendo la quietud.

Valeria lo miró, sorprendida. Su corazón dio un vuelco.

—¿Cómo sabes que dejé de escribir?

Él sonrió ligeramente, una sonrisa nostálgica, como si estuviera recordando algo más que simple curiosidad.

—Te conocí bien, Valeria. Sabía que la escritura era tu refugio, tu manera de encontrar sentido a las cosas. No fue fácil para mí ver que dejaste esa parte de ti atrás.

Valeria apartó la mirada, mirando a través de la ventana. La lluvia caía con más fuerza ahora, pero ella no veía las gotas. Sus pensamientos se habían desviado hacia el pasado, hacia ese momento en el que sus sueños de escribir se desmoronaron bajo la presión de la vida adulta. El trabajo, las responsabilidades, la necesidad de ser práctica. Algo en ella había cambiado, y dejó de escribir porque pensaba que nunca alcanzaría lo que imaginaba.

—No fue fácil... —respondió al fin, con la voz suave—. La vida no me dejó mucho espacio para seguir escribiendo. Pero a veces, me pregunto qué habría pasado si no hubiera abandonado eso.

Diego la observó en silencio por un momento, y entonces, sin previo aviso, cambió el tema.

—¿Y tú, Valeria? ¿Has encontrado lo que querías? ¿La felicidad que pensabas que te daría quedarte aquí?

La pregunta la sorprendió. ¿La felicidad? Esa palabra había sido algo esquivo para ella en los últimos años. Aunque no lo admitiera en voz alta, siempre había pensado que las respuestas estaban fuera de su alcance. Había seguido adelante, día tras día, con la esperanza de que algún día todo tendría sentido. Pero esa sensación de vacío seguía presente, como un eco que nunca se desvanecía por completo.

—A veces, creo que sí. Otras veces, no tanto. —respondió, sus ojos fijos en la taza de café frente a ella—. Pero quizás la felicidad no es algo que se pueda encontrar de una vez por todas. Tal vez la verdadera felicidad está en los momentos como este, cuando nos detenemos a recordar, a mirarnos a los ojos después de tanto tiempo.

Diego asintió, como si también estuviera entendiendo algo profundo en las palabras de Valeria.

—Tal vez tienes razón —dijo él en voz baja—. Tal vez la felicidad está en las pequeñas cosas. En volver a encontrarse, aunque solo sea por un momento.

Se quedó en silencio, y por un instante, ambos parecían saber que este café, este reencuentro, era algo más que un simple encuentro entre dos viejos amigos. Era un momento que contenía muchas posibilidades no dichas, muchas emociones guardadas en el fondo de sus corazones.

Finalmente, Valeria miró a Diego, y en su mirada había algo nuevo. Algo que no había sentido en años: la posibilidad de comenzar de nuevo. No con él, ni con nadie en particular, sino con ella misma.

El reloj marcaba las seis de la tarde. La lluvia empezaba a disminuir, y el café seguía lleno de historias y recuerdos. Pero para Valeria y Diego, ese había sido el último café de la tarde. Porque, como todo en la vida, ese reencuentro también tenía que llegar a su fin.

Pero tal vez, con este fin, comenzaba algo nuevo. Algo que solo el tiempo podría revelar.

The Last Coffee of the Afternoon

The sound of the espresso grinding and the smell of freshly baked bread filled the small café in the heart of Mexico City. The place was full of stories, soft murmurs, and conversations lost in the air, but for Valeria, this café held much deeper meaning. It was the setting of a reunion she had been waiting for years, though she hadn't realized it until that very moment.

She had sat at a table by the window, watching the rain gently fall over the cobblestone streets. The city seemed old, like a friend who had aged gracefully, with memories on every corner. Valeria had arrived first, anxious but with a knot in her stomach. The café had always been her refuge, a place where life seemed to pause for a moment, allowing her to reflect on the paths she had taken. But today, everything was tinged with a special kind of nostalgia. She was waiting for Diego, her childhood friend.

Diego and Valeria had been inseparable as children. They shared laughter, secrets, and adventures, until life separated them: he went to study abroad, and she stayed in the city, following her own path. Years passed, filled with untold stories, forgotten letters, and calls that never came. But fate, with its whimsical way of working, had brought them back together here, in this café, after more than ten years.

The door of the café opened, and Valeria looked up. There he was. Diego. He hadn't changed much, although time had left traces on his face. His hair, once dark and full of life, now had some gray in it. His eyes were still the same: deep and curious, but they also reflected a certain melancholy. He looked at her, and for a moment, the world seemed to stop.

"Valeria," he said, smiling shyly.

Valeria smiled, standing up to hug him. The hug was long, as if the years they had been apart could be erased in an instant. The scent of his perfume, the familiarity of his voice—everything seemed to return in that simple gesture.

"Diego…" she whispered, a little surprised by the intensity of her own feelings upon seeing him again.

They sat across from each other, with a steaming cup of coffee between them. The conversation started slowly, as if time had to reconnect them. They talked about trivial things: how their families were doing, what had happened in their lives, the friends they had lost, and the new ones they had made. But little by little, the words slowed down, as if an invisible question were floating in the air, waiting to be asked.

"How is it possible that so much time has passed?" Valeria asked, breaking the silence.

Diego sighed, looking at her intently. His eyes seemed more serious now, as if weighing each word.

"Life, I guess. We all took different paths. I went abroad to study, and you… well, you stayed here, chasing your dreams. And we never saw each other again. Maybe we thought time would wait for us."

Valeria nodded slowly. Time doesn't wait for anyone, and she knew that well. Sometimes, you take a breath, and when you open your eyes, you realize everything has changed. Even the people you thought you knew better than yourself.

They both fell silent. Memories came like unexpected waves: summer afternoons when they ran through the neighborhood, secret confessions, the days when they believed the world belonged to them. But there were also more painful memories, those moments when things didn't go as they had hoped, when expectations and dreams collided with reality.

"I never understood why you stopped writing," Diego said, breaking the stillness.

Valeria looked at him, surprised. Her heart skipped a beat.

"How do you know I stopped writing?"

He smiled slightly, a nostalgic smile, as if recalling something more than just curiosity.

"I knew you well, Valeria. I knew that writing was your refuge, your way of making sense of things. It wasn't easy for me to see you leave that part of yourself behind."

Valeria turned her gaze away, looking out the window. The rain was falling harder now, but she didn't see the drops. Her thoughts had drifted to the past, to that moment when her dreams of writing crumbled under the pressure of adult life. Work, responsibilities, the need to be practical. Something in her had changed, and she stopped writing because she thought she would never reach what she imagined.

"It wasn't easy..." she finally responded, her voice soft. "Life didn't leave me much room to keep writing. But sometimes, I wonder what would have happened if I hadn't given that up."

Diego watched her in silence for a moment, and then, without warning, changed the subject.

"And you, Valeria? Have you found what you wanted? The happiness you thought staying here would give you?"

The question surprised her. Happiness? That word had been elusive for her in recent years. Though she didn't admit it out loud, she had always thought that the answers were out of her reach. She had gone on, day by day, hoping that one day everything would make sense. But that feeling of emptiness still lingered, like an echo that never quite faded.

"Sometimes, I think I have. Other times, not so much." she replied, her eyes fixed on the cup of coffee in front of her. "But maybe happiness isn't something you can find all at once. Maybe true happiness is in moments like this, when we stop to remember, to look each other in the eye after so much time."

Diego nodded, as if he too were understanding something deep in Valeria's words.

"Maybe you're right," he said quietly. "Maybe happiness is in the small things. In meeting again, even if it's just for a moment."

He fell silent, and for a moment, both of them seemed to know that this coffee, this reunion, was more than just a simple meeting between two old friends. It was a moment that contained many unspoken possibilities, many emotions hidden deep in their hearts.

Finally, Valeria looked at Diego, and in her gaze, there was something new. Something she hadn't felt in years: the possibility of starting over. Not with him, nor with anyone in particular, but with herself.

The clock struck six in the evening. The rain was starting to lessen, and the café was still full of stories and memories. But for Valeria and Diego, this had been the last coffee of the afternoon. Because, like everything in life, this reunion also had to come to an end.

But perhaps, with this end, something new was beginning. Something only time could reveal.

La Canción del Desierto

La tarde se desvanecía lentamente en el horizonte del desierto de Sonora. El sol, una esfera naranja que parecía derretirse sobre la tierra árida, iluminaba las dunas con una luz tenue, casi mística. Ricardo, un músico veterano, había llegado al desierto en busca de algo que no podía nombrar. Había dejado atrás su ciudad, su banda, su vida, en busca de la inspiración que, con el paso de los años, había perdido.

El desierto, con su vastedad y silencio, parecía ser el único lugar donde podría encontrar lo que necesitaba. Había escuchado historias de artistas que habían ido allí y regresado transformados, con nuevas melodías que nacían del viento y la arena. Ricardo no sabía si esas historias eran ciertas o si, como su música, se habían convertido en mitos. Pero sentía que debía intentarlo.

Se instaló en un pequeño rancho a las afueras de un pueblo olvidado. La casa era sencilla, de adobe y con ventanas que daban al infinito desértico. Nada en el lugar podía distraerlo de sus pensamientos. Nada que lo conectara con el mundo exterior. Solo la inmensidad del desierto y su soledad. Cada mañana, se despertaba antes del amanecer para caminar por las dunas, con su guitarra a cuestas, tocando acordes suaves, como si la misma tierra estuviera pidiendo una melodía.

Pero algo en el aire del desierto, algo en la forma en que el viento acariciaba las rocas, le decía que no estaba solo. Al principio pensó que era su imaginación, cansada por la falta de descanso. Pero un día, mientras tocaba bajo un cielo que se tornaba rojo y púrpura con la puesta de sol, la vio.

Una mujer, de pie en la distancia, observándolo. Su figura se recortaba contra el horizonte, casi como una aparición. Llevaba un vestido blanco, largo, que se ondeaba suavemente con el viento. Ricardo no podía apartar la mirada. No podía decidir si la figura era real o si su mente, ya desgastada por la soledad, le estaba jugando una mala pasada. Se levantó lentamente, dejó su guitarra a un lado y comenzó a caminar hacia ella.

Cuando estuvo lo suficientemente cerca, la mujer no se movió. Solo lo miraba con unos ojos profundos, oscuros como la noche misma. No parecía sorprendida de verlo, como si lo hubiera estado esperando. Ricardo se detuvo a unos pasos de ella, sin saber qué decir, sin saber siquiera si debía hablar.

—¿Sabes quién soy? —preguntó ella, con una voz suave, como una melodía olvidada.

Ricardo sintió un estremecimiento recorrer su espalda. La mujer, sin hacer ningún gesto, parecía leerlo como un libro abierto. ¿Cómo podría saber ella quién era? ¿Cómo podía una desconocida en medio de este desierto conocer su nombre, su pasado, su música?

—Yo soy... —dijo él, inseguro, antes de callarse. No podía dar una respuesta. No podía explicar por qué sentía que la conocía, como si hubiera estado buscándola toda su vida.

Ella sonrió con amabilidad, como si estuviera entendiendo algo que él no podía comprender.

—No hace falta que digas nada —respondió. —Sé lo que buscas. Todos los que llegan aquí buscan lo mismo: algo perdido, algo que no pueden encontrar en ninguna otra parte. Pero yo puedo ayudarte a encontrarlo.

Ricardo la miró, confundido. ¿Ayudarlo? ¿Ayudarlo a qué?

—¿Quién eres? —preguntó, ahora con una sensación de urgencia en su voz.

La mujer lo observó en silencio, como si se estuviera tomando su tiempo para responder. Finalmente, dijo:

—Soy el eco de lo que has olvidado. La canción que nunca escribiste. El paso que no diste. El desierto guarda todo lo que has dejado atrás, todo lo que has perdido. Y yo te ayudaré a encontrarlo.

Ricardo la observó, perplejo. ¿Era esto un sueño? ¿Una alucinación provocada por el calor y la soledad del desierto? Pero algo en su interior le decía que ella no mentía. Había algo en su presencia que lo conectaba con un pasado que había intentado enterrar.

—No entiendo —murmuró, mirando la guitarra a su lado. —¿Cómo puede el desierto devolverme lo que he perdido?

La mujer le extendió la mano.

—Ven conmigo, y lo descubrirás. A veces, el desierto no te da lo que esperas, pero siempre te da lo que necesitas.

Ricardo miró su mano extendida, dudó un instante, pero luego la tomó. La sensación fue extraña, como si sus dedos se entrelazaran con los del viento mismo. La mujer comenzó a caminar, y sin pensarlo, Ricardo la siguió.

Caminando por las dunas, el cielo se fue oscureciendo lentamente, y la luna, redonda y brillante, comenzó a elevarse sobre el desierto. La luz plateada iluminaba el paisaje, dándole un aire surrealista, como si el tiempo mismo hubiera dejado de existir.

Durante el camino, la mujer no dijo nada más. Solo caminaba adelante, guiando a Ricardo por un sendero invisible entre las dunas. Él la seguía, sintiendo que la distancia entre ellos crecía cada vez más. Pero algo en su interior le decía que estaba cerca de algo importante, algo que no podía ver aún, pero que sin duda lo marcaría para siempre.

Finalmente, llegaron a un pequeño oasis, un rincón en el desierto donde un pequeño arroyo fluía tranquilamente. En el agua reflejada, Ricardo vio la imagen de sí mismo, pero no como era ahora, sino como había sido años atrás, cuando todavía tenía la pasión de componer, cuando aún creía que su música podría cambiar al mundo.

La mujer se acercó a él y, sin una palabra, tomó su guitarra. La colocó frente a él, como un puente hacia su pasado.

—Aquí está lo que has olvidado —dijo ella, señalando la guitarra—. La canción que siempre estuvo en ti, esperando ser tocada. Ahora puedes volver a escribirla, si lo deseas.

Ricardo miró la guitarra y luego levantó la vista hacia el horizonte. El viento soplaba suavemente, y en el aire flotaba una melodía que no podía identificar, pero que sentía profundamente en su corazón.

Y, sin saber cómo ni por qué, comenzó a tocar.

Las notas salieron con facilidad, como si siempre hubieran estado allí, esperando ser liberadas. La música fluía a través de él, una canción melancólica, pero llena de esperanza. La mujer lo observó en silencio, y él sintió que, por fin, había encontrado lo que había estado buscando en el desierto. No era fama ni éxito lo que necesitaba. Era su propia verdad, su propia música.

Cuando terminó de tocar, la mujer sonrió y asintió, como si ya supiera el final de la historia.

—Lo has encontrado —dijo ella—. El desierto te ha dado lo que buscabas. Ahora ve y comparte tu canción con el mundo.

Ricardo la miró, agradecido, pero al voltear para hablarle, ya no estaba. Como una sombra que se disuelve al amanecer, ella se había desvanecido en el aire.

El viento soplaba fuerte, y el desierto, silencioso como siempre, guardaba los secretos de aquellos que se atreven a escuchar su llamada.

59

The Song of the Desert

The afternoon slowly faded into the horizon of the Sonoran Desert. The sun, a melting orange sphere over the arid land, cast a soft, almost mystical light on the dunes. Ricardo, a seasoned musician, had come to the desert in search of something he could not name. He had left behind his city, his band, his life, in search of the inspiration he had lost over the years.

The desert, with its vastness and silence, seemed like the only place where he could find what he needed. He had heard stories of artists who had gone there and returned transformed, with new melodies born from the wind and the sand. Ricardo didn't know if those stories were true or if, like his music, they had turned into myths. But he felt he had to try.

He settled in a small ranch on the outskirts of a forgotten village. The house was simple, made of adobe, with windows that overlooked the endless desert. Nothing in the place could distract him from his thoughts. Nothing to connect him to the outside world. Only the vastness of the desert and his solitude. Every morning, he would wake up before dawn to walk the dunes, his guitar on his back, strumming soft chords, as if the land itself was asking for a melody.

But something in the desert air, something in the way the wind caressed the rocks, told him he was not alone. At first, he thought it was his imagination, weary from the lack of rest. But one day, while playing under a sky that turned red and purple with the sunset, he saw her.

A woman, standing in the distance, watching him. Her figure stood out against the horizon, almost like an apparition. She wore a long white dress that swayed gently with the wind. Ricardo couldn't look away. He couldn't decide if she was real or if his mind, already worn down by the solitude, was playing tricks on him. He slowly stood up, set his guitar aside, and began walking toward her.

When he was close enough, the woman did not move. She only looked at him with eyes deep and dark as the night itself. She didn't seem surprised to see him, as if she had been waiting for him. Ricardo stopped a few steps from her, not knowing what to say, not even sure if he should speak.

"Do you know who I am?" she asked, her voice soft, like a forgotten melody.

Ricardo felt a shiver run down his spine. The woman, without a single gesture, seemed to read him like an open book. How could she know who he was? How could a stranger in the middle of this desert know his name, his past, his music?

"I am..." he said, unsure, before falling silent. He couldn't give an answer. He couldn't explain why he felt like he knew her, as if he had been searching for her his whole life.

She smiled kindly, as if understanding something he could not.

"You don't need to say anything," she replied. "I know what you're looking for. Everyone who comes here is looking for the same thing: something lost, something they can't find anywhere else. But I can help you find it."

Ricardo looked at her, confused. Help him? Help him with what?

"Who are you?" he asked, now with a sense of urgency in his voice.

The woman observed him in silence, as if taking her time to respond. Finally, she said:

"I am the echo of what you've forgotten. The song you never wrote. The step you didn't take. The desert holds everything you've left behind, everything you've lost. And I will help you find it."

Ricardo stared at her, bewildered. Was this a dream? An illusion brought on by the heat and solitude of the desert? But something inside him told him she wasn't lying. There was something in her presence that connected him to a past he had tried to bury.

"I don't understand," he murmured, looking at the guitar beside him. "How can the desert give me back what I've lost?"

The woman extended her hand.

"Come with me, and you'll discover. Sometimes, the desert doesn't give you what you expect, but it always gives you what you need."

Ricardo looked at her outstretched hand, hesitated for a moment, but then took it. The sensation was strange, as if his fingers intertwined with the wind itself. The woman began to walk, and without thinking, Ricardo followed her.

As they walked across the dunes, the sky slowly darkened, and the moon, round and bright, began to rise over the desert. The silvery light illuminated the landscape, giving it a surreal quality, as if time itself had stopped.

During the journey, the woman said nothing more. She just walked ahead, guiding Ricardo along an invisible path through the dunes. He followed her, feeling the distance between them grow more and more. But something inside him told him he was close to something important, something he couldn't see yet, but that would undoubtedly mark him forever.

Finally, they reached a small oasis, a corner of the desert where a small stream flowed peacefully. In the reflected water, Ricardo saw an image of himself, but not as he was now—rather, as he had been years ago, when he still had the passion for composing, when he still believed that his music could change the world.

The woman approached him and, without a word, took his guitar. She placed it in front of him, like a bridge to his past.

"Here is what you've forgotten," she said, pointing at the guitar. "The song that's always been inside you, waiting to be played. Now you can write it again, if you wish."

Ricardo looked at the guitar, then lifted his gaze to the horizon. The wind blew softly, and in the air floated a melody he couldn't identify, but one he felt deeply in his heart.

And, without knowing how or why, he began to play.

The notes flowed easily, as if they had always been there, waiting to be set free. The music poured through him, a melancholic song, but full of hope. The woman watched him in silence, and he felt that, at last, he had found what he had been searching for in the desert. It wasn't fame or success he needed. It was his own truth, his own music.

When he finished playing, the woman smiled and nodded, as if she already knew the end of the story.

"You've found it," she said. "The desert has given you what you were looking for. Now go and share your song with the world."

Ricardo looked at her, grateful, but when he turned to speak to her, she was gone. Like a shadow that dissolves at dawn, she had vanished into the air.

The wind blew strong, and the desert, silent as always, kept the secrets of those who dare to listen to its call.

El Río de los Susurros

El sol ya se había ocultado cuando David llegó al pequeño pueblo cercano al río Usumacinta. Había decidido alejarse de la ciudad para encontrar paz, para escribir, para escapar de las presiones que tanto lo asfixiaban. El ruido de la vida urbana había invadido su mente durante meses, y sabía que necesitaba un cambio. El aire fresco y húmedo del sur de México lo abrazó en cuanto puso un pie fuera del autobús, como si la selva misma lo estuviera esperando.

El pueblo, que parecía detenido en el tiempo, estaba rodeado de vegetación exuberante y casas de madera que parecían haber sido construidas con la paciencia de generaciones pasadas. La gente, por lo general callada y reservada, le dio una cálida bienvenida, pero no hubo más interacción que las cortesías de rigor. Nadie se interesó demasiado en su presencia, lo cual era perfecto para él. No venía a hacer amigos, venía a escribir.

Se alojó en una pequeña casa que pertenecía a un anciano llamado Don Andrés. La casa era sencilla, pero tenía una terraza desde donde se podía ver el río Usumacinta, tan imponente como misterioso. En su mente, el río se transformó rápidamente en una metáfora de lo que buscaba: algo profundo, vasto, y a la vez impreciso, como las historias que siempre había querido escribir pero que no lograba encontrar.

Esa primera noche, mientras se preparaba para dormir, escuchó algo peculiar. Al principio, pensó que era el sonido de la naturaleza, el murmullo del viento o el crujir de las ramas de los árboles. Sin embargo, al quedarse en silencio, comenzó a distinguir lo que parecía una voz. No era un susurro claro, pero sí algo cercano. Como si las aguas del río estuvieran hablando.

Aterrorizado por lo desconocido, David se levantó de la cama y salió a la terraza. El río brillaba bajo la luna, sus aguas reflejaban el fulgor plateado de la noche, pero no había nadie allí. Nadie excepto el sonido, el murmullo lejano que lo llamaba, como una melodía arrulladora, cálida y triste al mismo tiempo.

Al día siguiente, David decidió investigar. Durante el desayuno, le preguntó a Don Andrés si era común escuchar ruidos extraños provenientes del río.

—El río siempre habla —respondió Don Andrés, sin levantar la vista de su taza de café—. Pero no todo el mundo lo escucha. Solo aquellos que están dispuestos a oírlo.

David se quedó pensativo, intrigado pero también escéptico. No podía creer que el río tuviera algo que decirle, pero algo en su corazón le decía que debía escuchar. Quizá, en ese misterio oculto, encontraría la historia que tanto deseaba escribir.

Pasaron los días y, cada noche, los susurros regresaban. Al principio, no lograba comprender las palabras, pero poco a poco, comenzó a identificar fragmentos: nombres, recuerdos, promesas rotas. Era como si el río estuviera contándole una historia olvidada. Una historia de amor, de traición, de alguien que había sufrido, pero también de alguien que había amado profundamente.

Una noche, decidido a entender, David tomó una linterna y se acercó a las orillas del Usumacinta. Se sentó en una roca, dejando que la luz titilara en la oscuridad mientras escuchaba atentamente los susurros. La corriente arrastraba las palabras, transformándolas en ecos lejanos que se mezclaban con el murmullo del agua. Fue entonces cuando las palabras tomaron forma, y escuchó el nombre de una mujer: *Ximena.*

Ximena era la hija de una familia poderosa del pueblo, una joven que, según las historias locales, había estado enamorada de un hombre llamado Nicolás, un hombre humilde, un pescador. A pesar de las diferencias de clase, su amor floreció en secreto, lejos de los ojos vigilantes de sus padres y de la sociedad. Sin embargo, su amor fue una llama que ardió rápidamente y se extinguió aún más rápido. Nicolás había desaparecido una tarde, sin dejar rastro, y Ximena había quedado atrapada en el dolor de su ausencia. Nadie en el pueblo sabía qué había sucedido con él, pero los susurros del río afirmaban que él nunca se había ido; que su espíritu se había quedado atrapado en las aguas, esperando el regreso de su amada.

David, fascinado por esta historia, comenzó a investigar. Visitó a los ancianos del pueblo, conversó con los pescadores, y pronto descubrió que muchos recordaban a Nicolás y a Ximena. Había sido un amor prohibido, lleno de pasión, pero también de dolor, y la tragedia había marcado a toda la comunidad. Nadie hablaba mucho de ello, pero todos recordaban la desaparición de Nicolás, como una sombra que había caído sobre el pueblo.

Cada vez que se acercaba al río, el murmullo de las aguas le parecía más claro, como si el río mismo le contara la historia que tanto necesitaba comprender. Una tarde, mientras paseaba por las orillas, David encontró una vieja fotografía tirada en la tierra, casi enterrada por el barro. Era una foto en blanco y negro de Ximena y Nicolás, abrazados, sonrientes, como si su amor fuera eterno.

David comenzó a escribir la historia del amor de Ximena y Nicolás, pero algo lo inquietaba. Sabía que había más, algo que el río no le había contado todavía. Una noche, cuando la luna estaba alta y el río susurraba más fuerte que nunca, David se adentró en las aguas con la foto en la mano. Se sumergió lentamente, como si el agua lo aceptara, lo llamara. Sintió una presión en su pecho, un peso extraño, pero siguió avanzando. La corriente parecía más fuerte, más insistente.

De repente, algo lo detuvo. Una mano fría lo tocó en el hombro. Al volverse, vio una figura femenina emergiendo del agua, una figura etérea, casi transparente, pero con una presencia tan poderosa que le hizo perder el aliento. Era Ximena. Sus ojos, llenos de tristeza y esperanza, lo miraron fijamente.

—Tú lo has escuchado —dijo Ximena, su voz un eco lejano que se mezclaba con el murmullo del río—. Tú lo sabes ahora. Él nunca se fue. Él está aquí, esperando.

David sintió que su corazón latía más fuerte. No pudo decir una palabra. La mujer, lentamente, desapareció bajo el agua, dejando detrás de sí un silencio profundo.

Al amanecer, David regresó a su casa, exhausto pero con una paz extraña. Sabía que había encontrado la historia que había buscado toda su vida. El río le había susurrado los secretos de un amor perdido, de un amor que nunca terminó, pero que nunca se olvidó.

Esa mañana, comenzó a escribir. Y las palabras salieron con facilidad, como si el río las hubiera estado esperando. Sabía que, de alguna manera, Ximena y Nicolás nunca estarían separados. Su amor continuaría flotando en las aguas del Usumacinta, como un susurro eterno, esperando ser escuchado.

The River of Whispers

———

The sun had already set when David arrived in the small village near the Usumacinta River. He had decided to leave the city behind in search of peace, to write, to escape from the pressures that had been suffocating him. The noise of urban life had invaded his mind for months, and he knew he needed a change. The fresh, humid air of southern Mexico embraced him as soon as he stepped off the bus, as if the jungle itself had been waiting for him.

The village, seemingly frozen in time, was surrounded by lush vegetation and wooden houses that seemed to have been built with the patience of generations past. The people, generally quiet and reserved, gave him a warm welcome, but there was no further interaction beyond the usual pleasantries. No one seemed too interested in his presence, which was perfect for him. He wasn't there to make friends; he was there to write.

He stayed in a small house owned by an elderly man named Don Andrés. The house was simple, but it had a terrace from where he could see the Usumacinta River, as imposing as it was mysterious. In his mind, the river quickly became a metaphor for what he was searching for: something deep, vast, and at the same time elusive, like the stories he had always wanted to write but had never been able to find.

That first night, as he was preparing to sleep, he heard something peculiar. At first, he thought it was the sound of nature, the murmur of the wind, or the creaking of tree branches. However, as he stayed silent, he began to distinguish what seemed like a voice. It wasn't a clear whisper, but something close. As if the waters of the river were speaking.

Terrified of the unknown, David got out of bed and went out to the terrace. The river shimmered under the moon, its waters reflecting the silver glow of the night, but there was no one there. No one except the sound, the distant murmur that called to him, like a lullaby, warm and sad at the same time.

The next day, David decided to investigate. During breakfast, he asked Don Andrés if it was common to hear strange noises coming from the river.

"The river always speaks," Don Andrés replied, without lifting his eyes from his coffee cup. "But not everyone hears it. Only those who are willing to listen."

David was left thoughtful, intrigued but also skeptical. He couldn't believe the river had something to say to him, but something in his heart told him he had to listen. Perhaps, in that hidden mystery, he would find the story he had longed to write.

Days passed, and each night, the whispers returned. At first, he couldn't understand the words, but gradually, he began to make out fragments: names, memories, broken promises. It was as if the river were telling him a forgotten story. A story of love, betrayal, of someone who had suffered, but also of someone who had loved deeply.

One night, determined to understand, David took a lantern and approached the banks of the Usumacinta. He sat on a rock, letting the light flicker in the darkness while he listened carefully to the whispers. The current carried the words, transforming them into distant echoes that mingled with the murmur of the water. It was then that the words took form, and he heard the name of a woman: *Ximena*.

Ximena was the daughter of a powerful family in the village, a young woman who, according to local stories, had fallen in love with a man named Nicolás, a humble fisherman. Despite their differences in class, their love blossomed in secret, away from the watchful eyes of their parents and society. However, their love was a flame that burned quickly and extinguished even faster. Nicolás had disappeared one afternoon without a trace, and Ximena was left trapped in the pain of his absence. No one in the village knew what had happened to him, but the whispers of the river claimed he had never left; that his spirit had remained trapped in the waters, waiting for the return of his beloved.

David, fascinated by this story, began to investigate. He visited the village elders, spoke with the fishermen, and soon learned that many remembered Nicolás and Ximena. It had been a forbidden love, full of passion but also of pain, and the tragedy had marked the entire community. No one spoke much about it, but everyone remembered Nicolás's disappearance, like a shadow that had fallen over the village.

Every time he approached the river, the murmur of the waters seemed clearer, as if the river itself were telling him the story he so desperately needed to understand. One afternoon, while walking along the banks, David found an old photograph lying on the ground, almost buried in the mud. It was a black-and-white photo of Ximena and Nicolás, embraced, smiling, as if their love were eternal.

David began to write the story of Ximena and Nicolás's love, but something troubled him. He knew there was more, something the river hadn't told him yet. One night, when the moon was high and the river whispered louder than ever, David waded into the waters with the photo in hand. He slowly immersed himself, as if the water accepted him, called him. He felt a pressure in his chest, a strange weight, but he kept moving forward. The current seemed stronger, more insistent.

Suddenly, something stopped him. A cold hand touched his shoulder. When he turned around, he saw a feminine figure emerging from the water, an ethereal, almost transparent figure, but with such a powerful presence that it took his breath away. It was Ximena. Her eyes, filled with sadness and hope, locked with his.

"You've heard it," Ximena said, her voice an echo that mingled with the murmur of the river. "You know now. He never left. He's here, waiting."

David felt his heart beat faster. He couldn't say a word. The woman slowly disappeared beneath the water, leaving behind a profound silence.

At dawn, David returned to his house, exhausted but with a strange peace. He knew he had found the story he had been searching for all his life. The river had whispered to him the secrets of a lost love, a love that never ended, but was never forgotten.

That morning, he began to write. And the words came easily, as if the river had been waiting for them. He knew that, in some way, Ximena and Nicolás would never be apart. Their love would continue to float in the waters of the Usumacinta, like an eternal whisper, waiting to be heard.

www.ingramcontent.com/pod-product-compliance
Lightning Source LLC
Chambersburg PA
CBHW050602160726
48003CB00003B/1008